MW00931979

Lince

Serie "Datos divertidos sobre animales del zoológico para niños "

Escrito por Michelle Hawkins

Lince

Serie "Datos divertidos sobre animales del zoológico para niños"

Por: Michelle Hawkins

Versión 1.1 ~Marzo 2021

Publicado por Michelle Hawkins en KDP

Toda la información de este libro ha sido cuidadosamente investigada y verificada para detectar la exactitud fáctica. Sin embargo, el autor y el editor no garantizan, expresa o implícitamente, que la información contenida en este documento sea apropiada para cada individuo, situación o propósito y no asuma ninguna responsabilidad por errores u omisiones.

El lector asume el riesgo y la plena responsabilidad de todas las acciones. El autor no será responsable de ninguna pérdida o daño, ya sea consecuente, incidental, especial o de otro tipo, que pueda resultar de la información presentada en este libro.

Todas las imágenes son gratuitas para su uso o se compran en sitios de fotos en stock o libres de regalías para uso comercial. He confiado en mis propias observaciones, así como en muchas fuentes diferentes para este libro, y he hecho todo lo posible para comprobar los hechos y dar crédito donde se debe. En el caso de que cualquier material se utilice sin el permiso adecuado, póngase en contacto conmigo para que el descuido pueda ser corregido.

El Lince es el Animal Nacional de Rumania.

Los Linces son criaturas nocturnas, activas por la noche.

La constelación Lince recibió su nombre porque es difícil verlo.

Los cuatro tipos diferentes de Lince son lynx español, lince canadiense, lince euroasiático y bobcat.

El significado griego para Lince es luz y brillo.

En un cuerpo de Lince, sus puntos son de color oscuro.

Lince caza animales usando sorpresas silenciosas.

The Catskills Mountain en Nueva York recibió el nombre de Bobcats.

El Lince ibérico es el gato más amenazado del mundo.

Los ojos en un Lince tienen luz reflectante que hace que sea fácil localizar presas.

El Lince más pequeño es el lynx canadiense.

La vida media de Lince es de catorce años.

El Lince canadiense puede pesar entre diez y treinta libras.

Lince puede nadar.

Los parches en las orejas de Lince son blancos.

El Lince euroasiático se encuentra en cuarenta y seis países diferentes de Europa.

Lince se considera un gato de tamaño mediano.

Lince siberiano puede pesar hasta sesenta libras.

La mayoría de los Linces son marrones en los meses de verano y grises en invierno para mezclarse con su entorno.

Lince se encuentran en Asia, Europa y América del Norte.

Lince hace sonidos como un gato, si si sises, maullidos y ronroneos.

Cuando los Linces están en climas fríos, su pelaje es de color claro.

La cola en Lince es corta y bobbed.

Bebé Lince amamantará hasta por cinco meses.

La altura media de Lince es de veinticuatro pulgadas.

Los Linces son conocidos por su excelente visión.

Bobcat no tiene patas peludas, pero los Linces sí.

El Lince se considera carnívoro, aves, carne, ciervos.

La hembra Lince es responsable del bebé Lynx.

El Lince es conocido como mamífero terrestre.

Lince busca refugio bajo rocas y árboles.

Lince tiene dedos de losdos que se extienden para ayudarles a caminar sobre la nieve mejor.

**La mayoría de los Linces
necesitan comer un promedio de
dos libras de carne por día.**

**El Lince candiano vive en
Alaska, Canadá y Estados
Unidos.**

El Lince promedio pesa entre 20 y 40 libras.

Lynx es conocido por ser un animal solitario.

El Lince más raro es el lince ibérico.

El mechón en la parte superior de una oreja de Lince les ayuda a escuchar mejor.

Lince abrirá los ojos a los diez días del nacimiento.

Los Linces son conocidos por su excelente audición.

Lince es conocido por escalar bien.

Lince no son corredores rápidos.

Otros nombres para Bobcats son Wildcats, Bay Lynx y Lynx Cat.

El vientre y el pecho en un Lince son blancos.

Lince hembra tienen entre dos y cuatro lince a la vez.

Lince dormirá durante el día.

El Lince es el tercer depredador más grande de Europa.

Lince cazará a la vista y el sonido.

El Lince ibérico se encuentra en España y Portugal.

La longitud media de un Lince es de entre treinta y cuarenta pulgadas.

Lince puede ver animales pequeños de hasta 250 pies de distancia.

Dentro de diez meses el bebé Lince puede valerse por sí mismo.

La especie más grande de Lince es el lince euroasiático.

Lince canadiense y Lince americano son los mismos.

Lince cazará temprano por la mañana y por la noche.

El pelaje de Lince es muy rentable.

En los mitos griegos, Lince es conocido por ver la verdad oculta.

La cola en Lince es de cuatro a ocho pulgadas de largo.

Lince están embarazadas sólo dos meses.

El Lince siberiano puede tener hasta cuarenta y tres pulgadas de largo.

Lince prospera en ambientes fríos.

Lince puede saltar hasta tres pies de altura.

Los Linces euroasiáticos tienen piernas largas, que les ayudan a caminar mejor en la nieve.

Las patas en Lince son grandes y acolchadas en la parte inferior.

Los Linces no son independientes hasta los dos años de edad.

Lince se originó en Centra Asia, Bosque en Europa y Siberia.

Los pies en Lince son grandes y redondos.

Los pies de Lince están diseñados para permitirles caminar bien en la nieve.

Los Linces son cazados por pumas, coyotes, humanos y lobos.

El Lince macho es más grande que el lince femenino.

Lince utilizará su excelente audición para ayudar a localizar a sus presas.

Lince cazará sobre todo por la noche.

El color del Lince puede ser de beige a marrón a blanco.

El Lince ibérico es el que más puntos tiene.

Lince español está en peligro crítico.

Las piernas de un Lince son cortas y poderosas.

Encuéntrome en Amazon en:

https://amzn.to/3oqoXoG

y en Facebook en:

https://bit.ly/3ovFJ5V

Otros libros por Michelle Hawkins

Serie

Datos divertidos sobre pájaros para niños.

Dato curioso en frutas y verduras

Datos divertidos sobre animales pequeños

Datos divertidos sobre perros para niños.

Datos divertidos en fechas para niños.

Datos divertidos sobre animales del zoológico para niños.

Made in the USA
Monee, IL
14 November 2022

17728225R00021